진정한 왕

THE TRUE KING

낸시 거스리 글 · 제니 브레이크 그림

생명의말씀사

The True King

Originally published in English as The True King
Text © 2022 by Nancy Guthrie
Illustrations © 2022 by Jenny Brake

Published by arrangement with 10Publishing, a division of 10ofThose Ltd.
Unit C, Tomlinson Road, Leyland, PR25 2DY England
through rMaeng2, Seoul, Republic of Korea.
All rights reserved.

This Korean edition © 2023 by Word of Life Press, Seoul, Republic of Korea.

이 한국어판의 저작권은 알맹2를 통하여 10Publishing과 독점 계약한 생명의말씀사에 있습니다. 신저작권법에 의하여 한국 내에서 보호 받는 저작물이므로 무단전재와 무단복제를 금합니다.

진정한 왕

© 생명의말씀사 2023

2023년 7월 26일 1판 1쇄 발행

펴낸이 | 김창영
펴낸곳 | 생명의말씀사

등록 | 1962. 1. 10. No.300-1962-1
주소 | 서울시 종로구 경희궁1길 6 (03176)
전화 | 02)738-6555(본사) · 02)3159-7979(영업)
팩스 | 02)739-3824(본사) · 080-022-8585(영업)

기획편집 | 이지숙
디자인 | 최종혜
인쇄 | 영진문원
제본 | 비춤바인텍

ISBN 978-89-04-16361-8 (03230)

저작권자의 허락없이 이 책의 일부 또는 전체를
무단 복제, 전재, 발췌하면 저작권법에 의해 처벌을 받습니다.

낸시 거스리 Nancy Guthrie

낸시 거스리는 그녀의 고향 교회인 코너스톤 장로교회에서 성경을 가르칩니다. 복음 연합(The Gospel Coalition)의 팟캐스트 〈성경을 가르쳐 주세요〉(Help Me Teach Bible)의 진행자이자 『하나님 어떻게 기도할까요?』, 『나는 예수님을 볼 수 있어요』, 『내 아이를 위한 한 페이지 묵상 365』(생명의말씀사) 등의 저자입니다.

세상에는 왕과 그의 나라, 그리고 왕자와 공주의 이야기를 담은 책들이 무척 많이 있어요.

하지만 이 모든 이야기에는 한 가지 문제가 있죠. 바로 진짜가 아니라는 거예요! 대부분 멋진 이야기지만 사실이 아니에요.

여기 위대한 왕과 그의 나라에 관한 이야기를 담은 책이 있어요. 이 책의 이야기는 진짜랍니다! 영원한 나라에서 완벽한 선함으로 백성을 다스리는 진정한 왕의 이야기죠.

바로 성경 이야기예요. 성경은 "옛날 옛적에"로 시작하지 않아요. 그 대신 시간의 맨 처음, 태초에서 시작하죠.

> "태초에 하나님이 천지를 창조하시니라"
> 창세기 1장 1절

성경은 우리에게 하나님이 위대한 왕이시라는 것을 알려줘요.

하나님은 아무것도 없던 곳에 하늘, 땅 그리고 많은 것을 창조하셨어요. 그 중심에는 아름다운 에덴동산을 만드셨죠. 아담과 하와는 에덴동산에서 살며 위대한 왕이신 하나님의 선한 다스림을 누렸어요.

하나님은 아담에게 말씀하셨어요. "많은 자녀를 낳고 번성하여 땅을 가득 채워라. 땅을 정복하고 바다의 고기와 공중의 새 그리고 땅의 모든 생물을 다스리거라."

위대한 왕은 에덴에 창조하신 많은 종류의 열매를 아담과 하와가 먹을 수 있게 해 주셨어요. 그런데 그들이 먹을 수 없는 나무의 열매가 하나 있었죠. 바로 선악을 알게 하는 열매였어요. 이 금지된 나무의 열매를 먹으면 반드시 죽게 될 것이라고 하셨어요.

에덴동산에서의 삶은 정말 좋았어요. 모든 것이 완벽했죠.
그러던 어느 날…!

사단이 악한 뱀의 모습으로 에덴에 나타났어요. 거짓말쟁이 뱀은 하와를 속였어요. 위대한 왕이 금지한 선악과에 관한 이야기는 사실이 아니라고 했죠. 뱀은 아담과 하와에게 하나님처럼 될 수 있다며 유혹했어요. 하와가 선악과를 보니 먹음직스러워 보일 뿐만 아니라 지혜롭게 만들어 줄 것 같았어요.

하와는 선악과를 따서 먹었고 아담에게도 주었어요. 별일 아닌 것 같지만 그건 위대한 왕을 배반하는 행동이었어요. 금지된 나무의 열매를 먹은 순간, 모든 것이 변했어요. 하나님의 목소리가 들리자 아담과 하와는 하나님을 만나러 달려가는 대신 그분을 피해 숨어버렸어요.

위대한 왕은 뱀을 저주하셨어요. 그리고 아담과 하와도 벌하셨어요. 풍성한 먹을거리를 주었던 땅에서 이제는 땀 흘리며 일을 해야만 먹을 것을 얻을 수 있게 될 것이라 하셨죠. 그리고 에덴동산에서 영원한 삶을 누리는 대신, 언젠가는 죽어 땅속에 묻히게 될 것이라고도 하셨어요.

하지만 하나님이 아담과 하와에게 벌만 내리신 건 아니었답니다. 위대한 왕은 은혜 또한 베풀어 주셨어요. 언젠가 진정한 왕이 될 아기가 태어날 것이라는 약속이었죠. 하나님은 진정한 왕이 뱀에게 큰 상처를 입겠지만, 결국 뱀을 이기게 될 것이라고 말씀하셨어요. 뱀의 머리를 부수고 뱀의 악을 끝낼 것이라고요.

위대한 왕은 죄 그리고 죽음과의 전쟁을 선포하셨어요. 그 후로 이 세상에서는 위대한 왕의 나라와 뱀의 악함이 전쟁을 벌이고 있어요.

하나님의 명령을 지키지 않은 아담과 하와는 에덴동산에서 쫓겨날 수밖에 없었어요. 그러나 위대한 왕은 백성이 왕의 축복을 누리지 못하는 것을 원하지 않으셨어요. 그래서 백성을 다시 그의 나라로 데려오기 위한 계획을 세우셨어요.

이 사람은 아브라함이에요. 하나님이 예비하신 땅에서 멀리 떨어진 우르라는 곳에 살고 있었죠. 위대한 왕이신 하나님은 아브라함에게 놀라운 약속을 하셨어요.

하나님은 아브라함에게 그의 가족이 점점 많아져 위대한 나라를 이루게 될 것이라고 하셨어요. 하나님이 베푸시는 사랑과 축복을 누리며 살 수 있는 땅을 주겠다고 약속하셨죠. 또 아브라함의 가족을 통해 세상의 모든 사람이 복을 받게 될 것이라고 하셨어요.

아브라함의 가족은 점점 많아졌어요. 하나님의 백성인 아브라함의 자손들이 살고 있던 땅에 흉년이 들었고, 그들은 음식을 구하기 위해 이집트로 가게 됐어요. 그곳에서도 위대한 왕의 나라와 뱀 사이의 치열한 싸움은 계속되었어요. 악한 뱀 아래에 있던 바로 왕은 하나님의 백성을 노예로 삼았고, 그들을 멸망시키려 했죠.

하지만 하나님은 모세를 보내 그분의 백성이 악한 바로 왕 대신 위대한 왕을 섬길 수 있도록 인도하셨어요. 그리고 이집트를 탈출한 백성에게 율법을 주셨죠. 하나님은 그분의 땅에서 어떻게 살아야 하는지, 어떻게 거룩한 백성이 될 수 있는지 알려주셨어요.

하나님은 백성을 가나안 땅으로 데려오셨어요. 그들이 위대한 왕에게 순종한다면 그곳에서 영원히 왕의 축복을 누리며 살 수 있었죠.

그리고 위대한 왕이신 하나님은 그들에게 힘으로 백성을 보호하고 공의로 다스릴 인간 왕을 보내주겠다고 약속하셨어요.

세월이 흐른 어느 날, 다윗이라는 소년이 들판에서 양을 돌보다가 집으로 불려 갔어요. 위대한 왕의 부르심을 받은 사무엘이 다윗을 찾아 그의 집으로 왔기 때문이었죠. 사무엘은 다윗이 이스라엘의 왕이 될 것이라고 했어요.

다윗은 아버지의 심부름으로 전쟁터에 있는 형들에게 가게 되었어요. 갑옷을 입은 블레셋 장군 골리앗이 하나님의 백성을 위협했어요. 어린 다윗은 골리앗과 싸우기 위해 혼자 그의 앞에 섰어요. 그리고 물매로 던진 돌멩이로 골리앗을 쓰러뜨렸죠.

하나님은 왕이 된 다윗에게 놀라운 약속을 하셨어요. 아브라함에게 엄청난 약속을 하셨던 것처럼 말이에요. 그 약속은 다윗의 아들 중 한 사람이 뒤를 이어 왕이 된다는 것이었죠. 그리고 그 나라가 영원히 이어질 것이라고 하셨어요. 몇 년도 아니고 영원히요!

솔로몬이 다윗의 뒤를 이어 왕이 되었어요. 사람들은 솔로몬이 다스리는 나라가 하나님이 약속하셨던 것처럼 영원할지 궁금했죠. 솔로몬이 다스리는 나라는 아주 훌륭했어요! 그는 자신의 백성이 위대한 왕이신 하나님과 함께할 수 있도록 예루살렘에 성전을 건축했어요. 솔로몬은 큰 부와 지혜를 가졌고, 하나님의 백성은 그의 통치 아래 평화롭게 살았어요.

하지만 솔로몬은 죽었어요.

솔로몬이 죽은 후, 그의 아들 중 한 명이 다음 왕이 되었어요. 사실 400년 동안 다윗의 아들과 손자, 또 그들의 아들과 손자들이 계속해서 왕이 되었어요. 그중 몇몇은 좋은 왕이기도 했지만, 여러 왕이 많은 악한 일을 저질렀어요.

그들은 위대한 왕이신 하나님을 사랑하지 않았어요. 그의 선한 다스림을 누리는 대신, 다른 행복과 안전을 찾았어요. 그들 중 누구도 하나님이 약속하신 진정한 왕이 아니었죠.

슬프게도 하나님의 백성 또한 점점 악해졌어요. 결국 하나님이 그들에게 주신 땅을 떠나야 하는 날이 오고 말았어요. 그들은 멀리 바벨론이라는 나라로 끌려갔어요.

바벨론에서 70년을 지낸 뒤에, 백성 가운데 일부가 위대한 왕이신 하나님이 그들에게 주신 땅에 들어갈 수 있었어요. 그들은 그곳에서 기다리고 또 기다렸어요.

그들은 다윗의 아들 중 한 사람이 영원한 나라를 세우기를 기다렸죠. 그들은 진정한 왕이 나타나기를 아주 오랫동안 기다렸어요. 여러 사람이 기다림에 지쳐 포기하기도 했어요.

그러던 어느 날, 천사가 마리아에게 나타나 아들을 낳을 것이라고 했어요. 그 아들이 바로 하나님이 다윗에게 약속하신 영원한 나라의 진정한 왕이랍니다!

그리고 정말로 다윗 왕의 동네에서 진정한 왕이 태어났어요. 위대한 왕의 아들은 아버지가 계신 곳의 영광을 떠나 어린 아기로 태어나셨어요. 왕으로 오신 아기의 이름을 예수라고 지었어요. 예수님은 그의 백성을 그들의 죄에서 구원하실 분이세요.

하지만 예수님은 진짜 왕처럼 보이지 않았어요. 왕들은 궁전에서 태어나지만, 예수님은 마구간에서 태어나셨죠. 왕들은 섬김을 받지만, 예수님은 섬기기 위해 오셨어요. 왕들은 귀족들에게 둘러싸여 있지만, 예수님은 어부들에게 둘러싸여 있었어요. 왕들은 금빛 왕관을 쓰지만, 예수님은 가시관을 쓰셨죠.

예수님은 이 세상의 다른 왕들과 같은 왕이 아니에요. 그리고 그분의 나라도 이 세상의 다른 왕들이 다스리는 나라와는 달라요.

예수님은 위대한 왕이신 하나님께 어떻게 기도해야 하는지 가르쳐 주셨어요. "나라가 임하시오며, 뜻이 하늘에서 이루어진 것 같이 땅에서 이루어지이다."

천국에서는 모든 것이 완벽한 모습이에요. 죄로 망가진 것이 없어요. 천국에 사는 모든 사람은 위대한 왕께 순종하며 그의 선한 은혜를 누리죠.

예수님은 그의 백성에게 천국이 이 땅에 오기를 기도하라고 가르치셨어요. 그리고 언젠가는 그렇게 될 거예요.

진정한 왕이신 예수님은 이 땅에 계시는 동안 하나님의 나라가 이 땅에 오면 어떤 삶이 펼쳐질지 사람들에게 보여주셨어요.

예수님은 병에 걸린 사람들을 고치셨어요. 이로써 하나님 나라에는 아픈 사람이 없다는 것을 보여주셨죠.

예수님은 많은 악한 것들을 물리치셨어요. 다가오는 그분의 나라에서는 그 어떤 악함도 설 자리가 없을 거예요.

또한 예수님은 폭풍을 멈추셨어요. 하나님 나라에서는 만물이 왕의 명령에 복종한다는 것을 보여주신 거예요.

그리고 예수님은 많은 사람을 먹이시며 하나님 나라의 풍요로움을 맛보게 하셨어요.

예수님은 그분을 믿고 그분의 나라로 들어오는 모든 사람을 환영하셨어요. 그러나 악한 뱀은 그것이 불만이었죠. 그래서 위대한 왕과 뱀 사이의 전쟁은 계속되었어요. 뱀은 예수님을 무너뜨리기 위해 최선을 다했어요. 몇몇 사람에게 예수님을 죽이고자 하는 생각을 심기도 했죠.

진정한 왕이 십자가에 못 박혀 죽임을 당하셨을 때, 많은 사람이 그분의 나라가 완전히 끝났다고 생각했어요. 그들은 깨닫지 못했죠. 아무 죄도 없으신 하나님의 아들이 죄인들이 받아야 할 벌을 대신 받음으로 하나님의 백성이 그분의 나라에서 영원히 살 수 있게 되었다는 것을요.

예수님은 무덤에 묻혔어요. 하지만 3일 후 다시 살아나셨어요. 진정한 왕이신 예수님은 죽음을 이기시고 옛 뱀의 머리를 짓밟으셨답니다.

예수님은 부활하신 후 40일 동안 제자들과 함께 지내시면서 하나님 나라에 대해 더 많이 가르쳐 주셨어요. 그리고 하늘로 올라가시며 성령을 보내주셨어요. 세상 모든 사람에게 하나님 나라의 기쁜 소식을 전할 수 있는 능력을 주신 것이죠.

진정한 왕이신 예수님은 지금 하늘에 계신 위대한 왕 곧 하나님 오른편에 앉아 계세요. 진정한 왕에 관한 이야기가 온 세상에 전해지고, 그것을 믿는 사람들이 죄에서 떠날 때마다 하나님의 나라는 점점 넓어지고 있어요.

모든 사람이 예수님을 진정한 왕으로 모실 때 하나님의 나라가 이 땅에 임할 거예요.

하나님 나라의 백성은 진정한 왕이 다시 이 땅에 오시기를 간절히 원하죠. 언젠가 정말 그렇게 될 거예요!

그들은 진정한 왕이 악한 것은 벌하시고 선한 것에는 상 주시기를 바라죠. 언젠가 정말 그렇게 될 거예요!

그들은 진정한 왕의 은혜와 진리가 세상 구석구석에 퍼지기를 소망해요. 언젠가 정말 그렇게 될 거예요!

진정한 왕이신 예수님이 이 땅에 다시 오실 때, 그분의 나라도 임할 거예요. 하나님의 뜻이 하늘에서 이루어졌던 것처럼 이 땅에서도 이루어지고, 이 땅은 천국이 될 거예요.

진정한 왕이신 예수님이 다시 오실 때, 옛 뱀을 완전히 물리치셔서 다시는 하나님 나라의 백성을 해치지 못하도록 하실 거예요.

진정한 왕이신 예수님이 다시 오시면 모든 피조물이 새로워질 거예요. 그곳은 에덴보다 훨씬 더 좋은 곳이겠죠. 왕의 구원을 받은 모든 사람이 그곳에서 함께 살게 될 거예요.

> "하늘에 있는 자들과 땅에 있는 자들과 땅 아래에 있는 자들로
> 모든 무릎을 예수의 이름에 꿇게 하시고
> 모든 입으로 예수 그리스도를 주라 시인하여
> 하나님 아버지께 영광을 돌리게 하셨느니라"
> 빌립보서 2장 10-11절

하나님의 나라는 땅끝까지 확장될 거예요. 하나님의 생명책에 이름이 기록된 모든 사람이 그곳에서 하나님의 통치 아래 살게 될 것이랍니다.

진정한 왕이 다시 오시는 그날, 하나님의 백성은 듣게 될 거예요.

아담과 하와가 위대한 왕이신 하나님의 에덴동산을
떠나야 했던 이후로,
하나님이 아브라함을 진정한 왕이 태어날
민족의 아버지로 부르신 이후로,
모세가 하나님의 백성이 거룩한 나라를 이룰 수 있도록
이집트에서 이끌어 내던 이후로,
하나님이 다윗에게 영원한 왕위를 약속하신 이후로,
예수님이 하늘의 보좌에 오르신 이후로,
계속 간절히 기다려온 그 기쁜 소식을 말이죠.

모든 사람이 듣게 될 것이랍니다!

> "세상 나라가 우리 주와 그의 그리스도의 나라가 되어
> 그가 세세토록 왕 노릇 하시리로다"
> 요한계시록 11장 15절

진정한 나라, 영원한 나라, 이 세상과 우리 마음을 영원히 다스릴 수 있는 왕이 계신 나라는 단 하나뿐이에요.

우리는 진정한 왕이 오시기를 간절히 기다려요! 그래서 우리는 위대한 왕께 이렇게 기도해요.

"하늘에 계신 우리 아버지여, 이름이 거룩히 여김을 받으시오며 나라가 임하시오며!"

생명의말씀사에서 나온
낸시 거시리의 다른 책도 함께 읽어 보세요.

하나님 어떻게 기도할까요?

하나님과 이야기하고 싶은데 기도가 너무 어려운가요?
무엇을 어떻게 기도해야 할지 모르겠다면!
낸스 거스리가 알려주는 여섯 가지 기도 레시피를 따라 기도해 보세요.

나는 예수님을 볼 수 있어요

구약성경에도 예수님의 이야기가 가득하다는 것을 알고 있나요?
낸시 거스리가 소개하는 그림자를 잘 보세요.
구약성경에 등장하는 하나님의 어린 양, 유다의 사자, 세상의 구원자가
바로 예수님이라는 사실을 알게 될 거예요.

사명선언문

너희가 흠이 없고 순전하여……세상에서 그들 가운데 빛들로
나타내며 생명의 말씀을 밝혀 _ 빌 2:15-16

1. 생명을 담겠습니다
만드는 책에 주님 주신 생명을 담겠습니다.
그 책으로 복음을 선포하겠습니다.

2. 말씀을 밝히겠습니다
생명의 근본은 말씀입니다.
말씀을 밝혀 성도와 교회의 성장을 돕겠습니다.

3. 빛이 되겠습니다
시대와 영혼의 어두움을 밝혀 주님 앞으로 이끄는
빛이 되는 책을 만들겠습니다.

4. 순전히 행하겠습니다
책을 만들고 전하는 일과 경영하는 일에 부끄러움이 없는
정직함으로 행하겠습니다.

5. 끝까지 전파하겠습니다
모든 사람에게, 땅 끝까지, 주님 오시는 그날까지
복음을 전하는 사명을 다하겠습니다.

서점 안내

광화문점	서울시 종로구 새문안로 69 구세군회관 1층 02)737-2288 / 02)737-4623(F)
강남점	서울시 서초구 신반포로 177 반포쇼핑타운 3동 2층 02)595-1211 / 02)595-3549(F)
구로점	서울시 동작구 시흥대로 602, 3층 302호 02)858-8744 / 02)838-0653(F)
노원점	서울시 노원구 동일로 1366 삼봉빌딩 지하 1층 02)938-7979 / 02)3391-6169(F)
일산점	경기도 고양시 일산서구 중앙로 1391 레이크타운 지하 1층 031)916-8787 / 031)916-8788(F)
의정부점	경기도 의정부시 청사로47번길 12 성산타워 3층 031)845-0600 / 031)852-6930(F)
인터넷서점	www.lifebook.co.kr